López de Mesa Oses, Diana
    Atlas : el gigante que se convirtió en montaña / adaptación
Diana López de Mesa Oses ; ilustraciones Diego Muñoz.
— Bogotá : Panamericana Editorial, 2005.
    32 p. : il. ; 26 cm. — (Mitos para niños)
    ISBN 958-30-1926-7
1. Mitología griega – Cuentos infantiles 2. Mitología griega –
Adaptaciones infantiles 3. Dioses – Literatura infantil
I. Muñoz, Diego, il. II. Tít. III. Serie.
I863.6 cd 19 ed.
AJF9965

    CEP-Banco de la República-Biblioteca Luis Ángel Arango

Editor
Panamericana Editorial Ltda.

Dirección editorial
Conrado Zuluaga

Edición y adaptación
Diana López de Mesa Oses

Ilustraciones
Diego Armando Muñoz

Diagramación
Diana Malagón

Primera edición, diciembre de 2005

© Panamericana Editorial Ltda.
Calle 12 No. 34-20, Tels.: 3603077 - 2770100
Fax: (571) 2373805
Correo electrónico: panaedit@panamericanaeditorial.com
www.panamericanaeditorial.com
Bogotá, D.C., Colombia

ISBN: 958-30-1926-7

Impreso por Panamericana Formas e Impresos S. A.
Calle 65 No. 95-28. Tels.: 4302110 - 4300355. Fax: (571) 2763008
Quien sólo actúa como impresor.

Impreso en Colombia   Printed in Colombia

ATLAS

El gigante que se convirtió en montaña

Mito griego

Ilustraciones
Diego Armando Muñoz

PANAMERICANA
EDITORIAL

Hace mucho tiempo, cuando el mundo
recién había sido creado, Zeus quería ser el soberano
de todos los dioses y para lograrlo
le declaró la guerra a Crono, el dios supremo que,
junto con sus hermanos los Titanes,
reinaba sobre el cielo y sobre la tierra.

Aquí es donde empieza la historia de Atlas,
pues como era un gigante de gran fuerza
y tamaño descomunal, su padre, un Titán,
le pidió que lo ayudara a luchar
en contra de Zeus.

Atlas aceptó y se convirtió en el líder
del ejército de Crono, pero de nada sirvió
la fuerza de Atlas, pues Zeus, se alió
con los Cíclopes y ganó la guerra.

El nuevo rey del Olimpo
condenó a Crono y a los Titanes
a vivir por siempre en el Tártaro, y a Atlas,
por haber sido el líder del ejército enemigo,
le aplicó el peor de los castigos.

Lo abandonó en un lugar muy remoto,
lejos de los hombres y de los dioses
y lo condenó a cargar por toda la eternidad,
sobre sus hombros, la bóveda celeste,
con todas sus nubes, estrellas y constelaciones.

11

Por mucho tiempo Atlas
permaneció de pie, sin poder descansar.
Mientras tanto muy lejos de allí,
Heracles tenía la misión
de conseguir una manzana de oro
del Jardín de las Hespérides.

Da la casualidad
que Atlas era el único
que podía coger una de estas manzanas,
pues era el padre de las Hespérides,
las ninfas que custodiaban los dorados frutos.
Por esta razón Heracles emprendió un largo viaje en su búsqueda.

—¡Te he buscado por mucho tiempo
para pedirte que vayas al Jardín de las Hespérides
y recojas una de las manzanas por mí! —le gritó
Heracles con todas sus fuerzas,
pues para un gigante como Atlas,
la voz de un hombre, era apenas un susurro.

—Eso no podrá ser posible,
pues estoy condenado a cargar
el cielo con mis manos —contestó Atlas.

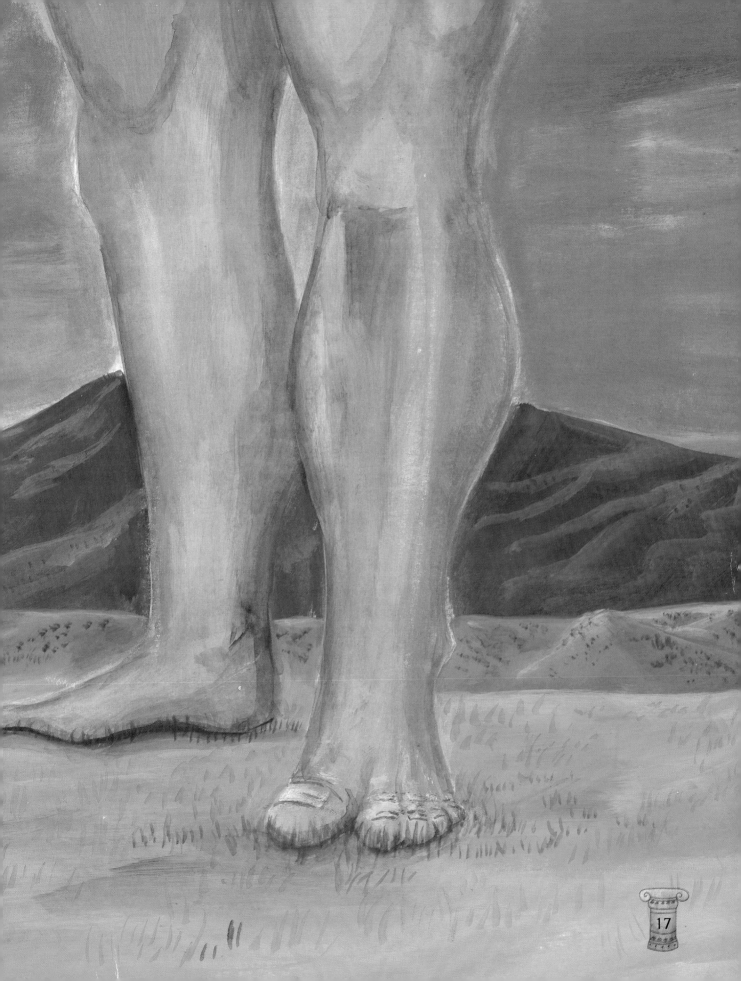

—¡Yo te remplazaré
mientras vas por la manzana,
de esta forma descansarás un rato
de tu fatigosa labor! —repuso Heracles.
Atlas aceptó pues se libraría de su castigo
aunque fuera por un solo instante.

Como Atlas quería librarse de su condena
a su regreso le dijo a Heracles:
—Yo mismo entregaré la manzana
a quien tú quieras y no demoro.

Heracles sospechando las verdaderas intenciones
fingió aceptar con la condición de que Atlas
le sostuviera la bóveda por unos instantes
mientras él buscaba una almohadilla que amortiguara
el peso de la bóveda sobre sus hombros.

Atlas accedió y Heracles se fue con la promesa
de regresar, pero pasaron los años y nunca volvió.
Una mañana, Atlas escuchó la voz de un hombre:
—¡Es Heracles que viene
a cumplir su promesa! —pensó Atlas.

Al voltearse vio a otro hombre, era Perseo
que regresaba después de derrotar a Medusa,
la gorgona que podía petrificar con su mirada
a quien osara mirar su rostro.

—Soy hijo de Zeus, he pasado por muchas aventuras
y me gustaría que me dejaras descansar
por una noche en tu territorio —gritó Perseo.
Atlas se negó pues no iba a ayudar al hijo del dios
que lo había condenado. Perseo enfureció,
sacó de una bolsa la cabeza de Medusa
y se la mostró a Atlas, quien quedó petrificado.

Su espalda y sus manos se transformaron
en bosques, su barba y sus cabellos en ríos,
y sus huesos en peñascos, todo su cuerpo
se transformó en la montaña que hoy lleva
su nombre al norte de África.

Aunque el gigante Atlas se convirtió en montaña,
no se pudo librar del todo de su castigo,
pues sobre su cabeza, que es la cumbre
de la montaña, aún siguen descansando
el cielo y las estrellas.